AF297882

NOTICE

SUR

M. CLAUDE GUILLARD,

Inspecteur émérite de l'Académie de Lyon,

LUE EN SÉANCE

DE LA SOCIÉTÉ ROYALE D'AGRICULTURE,

Le 10 janvier 1845;

PAR

C.-L. GRANDPERRET,

OFFICIER DE L'UNIVERSITÉ, SECRÉTAIRE DE L'ACADÉMIE ROYALE
DES SCIENCES, BELLES-LETTRES ET ARTS.

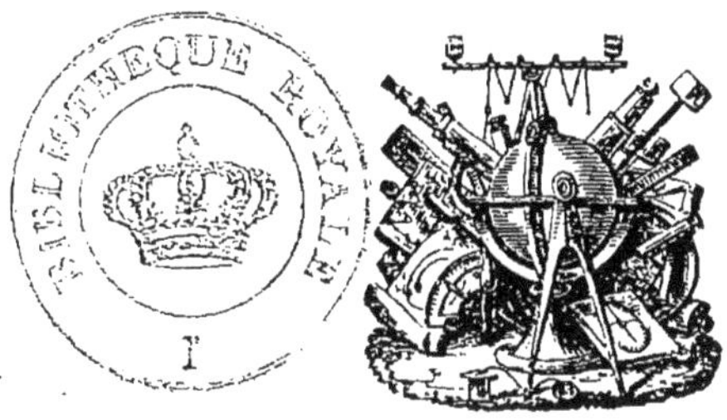

LYON,

IMPRIMERIE DE BARRET,

Place des Terreaux, 20.

—

1845.

NOTICE

SUR

M. CLAUDE GUILLARD,

INSPECTEUR ÉMÉRITE

DE L'ACADÉMIE DE LYON.

Messieurs ,

La Société royale d'agriculture vient de per-
dre un de ses membres les plus honorables et
les plus assidus. M. Guillard, inspecteur émérite de l'Académie de Lyon, ne participera plus
à vos travaux, qu'il suivait avec tant d'ardeur; il
n'apportera plus à vos séances cette activité
d'idées, cette douceur de caractère, cette urba-
nité de langage et de formes qui vous plaisaient
en sa personne. Lundi passé vous l'avez accom-

pagné jusqu'à sa dernière demeure , avec sa famille et avec ceux qui l'aimaient. En votre nom, Messieurs, je devais lui dire adieu ; je devais, sur le bord de la tombe, payer à sa mémoire un juste tribut d'éloges et de regrets. Mais là , ma voix s'est éteinte , et je n'ai pu parler. Pardonnez cette omission à la douleur d'un vieil ami , et permettez - moi de la réparer au milieu de vous.

Claude Guillard naquit à Mâcon le 15 février 1776. Après avoir fait, au collége de cette ville, des études aussi bonnes qu'on les faisait alors, il entra dans la carrière de l'enseignement, et débuta, comme professeur, au collége de Marcigny , à l'âge de seize ans. Mais bientôt la suppression de tous les établissements d'instruction publique l'ayant laissé sans emploi, il se chargea de l'éducation particulière des petits neveux du comte de Précy, dans le temps même que ce brave général soutenait avec gloire le siége de Lyon. Atteint par la fameuse levée de dix-huit à vingt-cinq ans, Guillard ne put rester dans la paisible retraite où il semblait à l'abri des terribles évènements de cette époque, et le jeune homme le moins propre à l'état militaire par ses habitudes et ses goûts, dut se mettre en route pour rejoindre notre armée d'Italie, frappée alors de revers désastreux. Sa capacité fut bientôt reconnue, et le général Fressinet se l'attacha en qualité de secrétaire.

Quelque temps après, Guillard put rentrer dans la vie civile ; il revint dans son pays, reprit les occupations de son premier état, et releva le collége de Marcigny, où il réunit un nombre considérable d'élèves pensionnaires et externes.

Dès l'année 1806, le gouvernement impérial ayant manifesté la pensée d'organiser l'instruction publique en France, Guillard présenta un plan qui se retrouva presque tout entier dans le décret de mars 1808, portant organisation générale de l'Université. Appréciant la justesse et la portée des idées du jeune directeur du collége de Marcigny, M. de Fontanes lui demanda un projet de règlement pour le corps enseignant nouvellement créé, et ce projet fut encore reproduit en grande partie dans le décret de septembre 1808, contenant un règlement pour l'Université.

De semblables titres paraissaient de nature à mettre Guillard en évidence, et à le recommander puissamment à l'attention du Grand-Maître ; aussi en obtint-il la promesse réitérée d'une haute position dans l'Université, et pour premier accomplissement de cette promesse, il reçut en 1809 sa nomination aux fonctions d'Inspecteur de l'Académie de Clermont. Mais à ces honorables et modestes fonctions devait se borner la perspective plus brillante qui put une fois se dérouler à ses yeux ; il ne savait pas que les services rendus en province seraient un jour étouffés par la camaraderie parisienne, à laquelle seule on reconnaîtrait du mérite et des droits.

Pendant six ans et demi qu'il passa à Clermont, en qualité d'Inspecteur, les circonstances l'appelèrent à remplacer ordinairement le chef de l'Académie, et cette mission toujours temporaire, il la remplit de manière à faire regretter qu'elle ne lui fût pas définitivement confiée. Il eut en 1815 une occasion de déployer une singulière activité et une grande aptitude pour les choses d'administration. Le préfet du Puy-de-Dôme, absorbé par les embarras du licenciement des troupes françaises qui couvraient une partie de son département, tandis que sur l'autre partie il avait à satisfaire aux réquisitions exorbitantes et à faire cesser les menaces des soldats étrangers, pria Guillard de se charger provisoirement des fonctions de secrétaire-général de la préfecture et des affaires ordinaires du département. Notre confrère répondit au vœu du préfet et s'acquit de nouveaux titres à la considération et à l'estime qu'il avait déjà méritées. Aussi on crut devoir lui prouver qu'on ne le laissait point dans l'oubli, et on lui donna un petit avancement en l'envoyant à Lyon, remplacer l'honnête et spirituel Bérenger, dont la carrière était finie. Pendant quatorze années consécutives il s'acquitta des devoirs de sa charge avec le zèle, avec la ponctualité qui marquaient tous ses actes, mais aussi avec cet esprit de modération et de bienveillance qui formait le fonds de son caractère. A une époque malheureuse, où les Inspecteurs voyaient avec humiliation leur noble ministère transformé en espionnage de fiscalité; où l'Université, aujourd'hui si brillante de lumière pure et de franche loyauté, ne couvrait certains établissements d'éducation que pour les étouffer sous les étreintes d'une jalousie mesquine ou d'une haine insensée, il n'était pas facile de rester l'agent d'une autorité vexatoire, et de conquérir l'affection ou simplement la confiance de ses subordonnés ; et pourtant Guillard sut remplir les obligations qui lui étaient imposécs, et se faire aimer de ceux-là même qui semblaient ne devoir que le craindre, tant ses opérations étaient équitables, et réglées par une bonté de cœur qui ne se démentit jamais !

Constamment président de la section de comptabilité au conseil académique, il dut commencer par débrouiller le cahos des comptes antérieurs à son arrivée à Lyon, et établir, pour l'avenir, un ordre qui seul pouvait donner la garantie et la preuve d'une gestion fidèle et bien entendue. D'autres causes ont contribué plus tard au succès du collége royal de Lyon ; mais on ne saurait méconnaître la part de ces succès qui revient à l'esprit droit et consciencieux auquel on fut redevable d'une comptabilité régulière et lucide.

Prompt à embrasser toutes les pensées de bienfaisance, il s'attachait à servir les malheureux ou à poursuivre la réalisation des œuvres philanthropiques par l'infatigable constance de ses démarches, seul moyen qui reste à l'homme généreux et pauvre d'avoir part au bonheur de faire quelque bien à ses semblables. Avec cette disposition de cœur et cette énergie de charité toute chrétienne, il dut être profondément touché de la triste et intéressante condition de ces êtres incomplets que la nature a déshérités des précieuses facultés d'entendre et de parler ; et lorsqu'il eut occasion de visiter, à St-Étienne, l'établissement ignoré et sans appui dans lequel un sourd-muet, d'un mérite réel, M. Comberry, avait réuni d'autres sourds-muets qu'il s'efforçait d'élever, par l'instruction, à la connaissance de Dieu, de la morale et des devoirs sociaux, il fut ému du spectacle de tant de misère, de courage et de résignation, et il se sentit porté à venir en aide à ces infortunés disciples et à leur maître si digne d'être soutenu dans sa louable entreprise. Aussitôt il résolut de faire transporter l'école des sourds-muets dans cette grande ville de Lyon, où les œuvres de charité croissent comme les plantes sur leur sol naturel. Il ouvrit des souscriptions particulières, provoqua des subventions du Conseil municipal et du Conseil général du Rhône, frappa à toutes les portes, parla, écrivit, pria, pressa, et enfin il eut la satisfaction de voir, en 1825, des ressources assurées pour la réunion d'un assez grand nombre de sourds-muets, qui furent reçus gratuitement à côté de ceux dont la dépense pouvait être payée par leurs parents.

Le nouvel établissement prospéra, et il subsiste aujourd'hui avec toutes les garanties de bonne direction et de durables succès.

En 1832, après trente-quatre ans de service dans l'instruction publique, M. Guillard obtint sa pension de retraite. Dégagé des devoirs de ses fonctions publiques, il partagea son temps entre les relations de société, qu'il rendait si agréables par l'aménité de ses manières et la délicatesse de ses procédés, et les occupations que lui donnaient soit les compagnies savantes dont il était membre, soit son propre penchant à faire des recherches utiles et à provoquer des travaux d'intérêt public.

C'est ainsi, Messieurs, que vous l'avez vu s'attacher avec ardeur à toutes les questions qui se rapportaient *au reboisement des montagnes ;* il écrivit sur cette importante matière des articles qui parurent dans les *Annales européennes*, avant l'établissement de vos propres *Annales.*

Vous l'avez vu encore tourner ses idées avec une rare persistance vers un but éminemment intéressant, *l'endiguement du Rhône*, grande entreprise qu'il faudra bien exécuter un jour, si l'on ne veut pas que le fleuve réalise une fois les menaces qu'il fait depuis long-temps, d'envahir tous ces terrains dont sans cesse il ronge les bords. Guillard ne se borna pas à écrire, sur ce sujet, un Mémoire dont vous avez ordonné l'impression; il intéressa au succès de ses projets, à force de démarches aussi pénibles que gratuites, les populations, les conseils municipaux, l'administration des hospices, celle des ponts et chaussées. D'autres maintenant achèveront son ouvrage.

Reçu à la Société d'éducation où il avait une place de droit, il en fut nommé vice-président par le concours unanime de tous les chefs d'établissements particuliers, empressés de lui témoigner le bon souvenir qu'ils conservaient de ses inspections paternelles.

Une autre société, dont le but est de soutenir et de propager les saines doctrines du catholicisme, le comptait au nombre de ses membres les plus zélés. Tout ce qui avait quelque rapport à la religion devenait promptement l'objet de ses préoccupations les plus chères ; aussi fut-il dévoué aux intérêts de son église paroissiale, et l'un des membres les plus actifs du conseil de fabrique.

La religion ! ah , Messieurs , il fut sage de chercher en elle la sécurité de l'âme et les encouragements que le monde ne donne pas. Quand arrivèrent les moments terribles où il comprit qu'il allait passer dans une autre vie, il eut le bonheur d'être soutenu par la foi du chrétien, et de s'endormir au sein de Dieu avec les douceurs de l'espérance. Le 4 janvier 1845, après avoir reçu les sacrements avec une piété profonde et une connaissance parfaite, il expira paisiblement entre les bras de son fils cadet, notre confrère, qui lui avait prodigué, jour et nuit, les soins les plus tendres et les plus touchantes consolations.

Vous garderez, Messieurs, la mémoire de cet homme excellent; son souvenir vivra toujours dans le cœur de l'ami qui vient d'écrire ces simples et tristes pages.